위로의 폭언

나선미 시집

목차

시인의 말

제 1부
서울은 아름다워요 용서 받지 못 할 것들이 아름답게 해요

검은 우편	16
단칸방에서	17
환상과 환멸	18
가을 오후	19
파도 없는 하늘	21
흑백령	22
광주역	24
보고 싶은 것은 여기에 없다	26
매미의 유혹은 서러운 아우성	27
가난한 우리 집	29
사막을 걷는 어른들	30
지은이	31
낙엽 같던 하루	33
무채색으로 우는 달의 말	35
살인마의 생일케이크	36
카네이션	38
낯선 목숨	39

터널의 아침	40
모노톤 미아리의 초저녁	41
거실과 식탁	42
술기운이 주는 현상	43
나는 여름이면서 겨울에 살았다	45
고통의 자전	47
눈 물	48
저마다의 기분	49
소설이라는 집을 지었다	50
잊히지 않는 사람	52
베란다 냄새는 살인적	53
그 여자네 책상	54
무제	56
위로의 폭언	57
당신의 소생	59

제 2부
당신이 잊은 곳이 어디지? 당신이 버린 곳에 나를 버려줘

결여된 마침표	62
겨울 밖의 소용돌이	63
눈사람들	64

오전 4시의 쓸쓸함	65
실수의 실수	66
죽은나무색	67
144번 버스에서 가장 높은 자리	69
일말의 낭만	70
대체로 무난한 화요일	71
새우잠	72
알 수 없는 쓸쓸함	73
생의 미제	74
연꽃무덤	76
정이 많은 할머니	77
같은 세상	79
뒤쳐진다는 것	80
사람	81
마치 어린 나방	82
성년의 날	83
어느 청춘에는 씨앗이 없다	84
훼손된 서광	86
나는 무너지지 않을 테지만	87
내일의 문장	88
23시의 시	89
구석의 절규	90

상상	92
손바닥으로 짚은 별빛	93
독야에 뜬 우편함	94
자꾸만 끊겨서 다독이는 것 같은 울음소리를 사랑할 거야	96
가랑비의 독백	98
비로맨스	99
오늘의 날씨, 울 일 없음	101
나 같은 재앙	102
공허	104
맨 밑에 있는 파편	105
등	106
청춘미완성	107
빈마음에서 나오는 빈말	108
세 번의 대식	109
오만함의 본질	111

제 3부
나는 보고 싶어 못 견디겠다 는 말로 여태 견뎌내고 있으니까

멍울진 밤	114
얼음과 여름	115
표정이 없는 나의 정서	116

우주의 무딘 젊음	118
지하에서 지상으로 가는 에스컬레이터	119
애매한 다정과 단정	122
낭만주의	123
119	124
백사장	125
얼음 속	126
나를 위해 할 수 있는 1. 비관	127
펼칠 때와 접을 때, 너는 뭐가 더 보고 싶어?	128
가을이 죽었다.	129
먼동이 틀 때의 서먹서먹	131
낙엽메모	132
고적한 저녁밥상	134
외로움으로 산다	135
나는 네 청춘 속 환멸의 부제였다.	137
너에게 영원을 줄까	138
굿-나이트	139
청바지와 나뭇잎	140
당신의 밤	141
새벽 붉은 달과 엄마 그리고 나	142
살자	144
수신자 불명 (반송될 편지)	145

그런데요, 나는 이제 아무것도	146
숨다.	148
모든 것은 지체될 뿐이다.	149
감독관의 지문	151
날개	152
파란별	155
작은방	156
언어의 재구성	158
끄집어 부르기	159
회고록	160
바닷바람의 형상	161
괴괴한 축복	162
바닷소리 들려오는 밤의 일지	163
돌아오지 않을 2017년 1월 31일	164
아침이 왔다.	165
유서	166
어느 젊은 음울	167
보잘 것 없는 시 한편	168

시인의 말

어디선가 섬광 같은 울음이 터진다

빛은 어둠을 향해 쏟아지고
나는 불투명해진다

열 몇 획 더듬어야 비로소 내 이름인데
어디선가 고작 한 획으로 지워낸다

이따금씩 동강난 그 이름으로
나는 자라나고 있다

때마침 섬광이 내려
아무것도 모르고 그저 반짝이는 것들은
무얼 잔뜩 잊고 그곳이 어둠인 줄 안다

내 무명의 별아, 오늘은 꿈만 꾸렴,
여기는 당신을 모방하는 빛들이 맹렬하다

2015-2017 나선미

제 1부

서울은 아름다워요

용서받지 못 할 것들이 아름답게 해요

검은 우편

이제부터는 새벽입니다
글자보다도 그늘이 검은 이 시간에
빛은 모조리 한쪽에 고여 아우성인데
그림자 녀석이 이 방을 온통 덮습니다
글자도 빛도 나도 보이지 않습니다
이 새벽에도 저 새벽과 비슷하게
말을 걸고 싶어 책을 듭니다
꼭 이런 시간에 세상은 침묵이지요
감히 책을 갈라 얼굴을 베고 싶어집니다
글자도 빛도 나도 보고 싶지 않습니다
이 나라는 어찌 된 게 별천지예요
그런데 저 다양한 별들이
검은 별은 마다합니다
나를 싫어해요
당신께서 밤이 슬픈 이유는 무엇입니까
넘어가는 새벽에 묻고 싶습니다
나는 밤이 슬픈 게 아니라
내가 슬픈 것입니까?

단칸방에서

이불을 베고 베개를 덮었다
아무도 그리워하지 않기로 하고
그저 닮은 외로움을 배웠다
오늘밤은 누군가에게 속삭인다
그곳이 어디든 우리 만나자고

단칸방에서 나는 길을 잃고
길에는 내가 없는 것만 같다

기다리는 누군가는 누구인가―

환상과 환멸

많은 것을 안고 있으면
그날은 유독 쓸쓸해진다

자궁에 놓고 온 색비름의
꽃말은 애정이라 하였다
그래서 나에게는 애정이란 게 없다

엄마 품에 잠들고 싶던 날이 있었다
유독 쓸쓸한 날이 그러하였다

많은 것을 안고
이불 품에 까무룩 잠드는 흔한 날
"대화는 말자, 그래봤자 환멸이란다."
문득 다 죽은 목소리가 퍼덕이고

가을 오후

입술을 말아 넣는다
혀 밑에 깔린 메아리
얼굴을 숨기려
하늘에 고개를 파묻는다
입술은 은행잎처럼 벌어지고
다 관둘래, 라든가 마음대로 해, 라는
메아리가 혀 밑에서 달아나버렸다
해서는 안 될 말들이
다시는 듣고 싶지 않던 말들이
세상에서 가장 섬뜩하고
은밀한 메아리가 되어
부딪힘이 멈추지 않는다
다만 상대는 없다
듣는 이가 없었다
메아리는 메아리가 듣는다
얼굴을 버리려
하늘에게 고개를 돌려달라고
슬픈 척을 슬프지 않은 척을 하지만
구름은 구겨진 커튼처럼 울먹인다

그런데 무엇을 저토록 가로막는가
이 비참한 적요
가을 하늘이 밀실 같다고 생각하는 오후
난 세상에서 가장 은밀한 메아리예요
메아리는 메아리가 듣거든요

파도 없는 하늘

온 세상 구름이 사라지만 어떻게 되냐고?
바다가 되겠지
파도 없는 하늘
고립된 자들은 하늘인 줄도 모르고 뛰어들 테다
바다인 줄 알던 사람들이겠지만
하늘이건 바다건 추락하는 마음은 다 같단다

무엇도 오지 않는 밤바다에 갇혀본 적이 있느냐?

흑백령

구역질나는 거인의 발치에 사는 걸까
초월하는 우람한 그림자 속에서
내 눈초리는 자꾸만 암담한 곳을 찌른다
그저 온 누리에 그늘이 드리운듯하다

그렇다고 감아버린 눈초리는
눈알을 덮고 내린 눈두덩은
어쩌려고 하염없이 밝다
없던 조명이 오소소 돋아나는 새벽

아버지
눈을 뜨면 세상이
자라고, 그만 잠 들으라고,
온갖 군데 불 꺼놓고 암담한데

그런데 아버지
눈을 감으면 세상이
도무지 평온할 수 없이 밝아
증오하던 게 굴러다녀

안달 나도록 환해, 잠을 잘 수가 없어,
나는 꽉, 물려받은 것이라 믿고 싶어져

광주역

광주역에서
바람을 놓쳤다
꿈을 버렸다
목젖이 가려워 긁었다
아프지도 개운치도 않았다
울먹이는 목소리는
울지 말란 소리를 마지막으로
울컥울컥 급류 같은 바람을 쏟아낸다
자막이 없었다
까만 아저씨들이 자꾸 흘겨본다
바람을 잃었다
꿈을 놓았다
상실이 임무라는 듯
아무도 잡지 않는다
열망의 고아들에게
속삭인다
불쌍하지 않아
조금 슬플 뿐이지
동시에 눈구멍을 뚫고

기차는 돌아온다
나는 돌아간다

보고 싶은 것은 여기에 없다

눈가에 차오르는 마음짓에
그 무엇도 보지 못하는 밤이다

바보같이 더듬거린다면
무엇이든 잡혀주는데
그 무엇도 보이지 않는 밤이다

나는 가만히 산다
보고 싶은 것은 여기에 없다

매미의 유혹은 서러운 아우성

  하얗게 둘둘 말린 시뭉치를 풀다보면 어느덧 점심의 열기는 시인의 넋을 베껴 아팠다 매미는 여름의 습작품이다 나는 이따금 매미의 울음소리를 버팀목 삼아 습작처럼 살았다 다만 살았으므로, 내게도 마음에 품었다가 늘그막에 풀어준 사람이 있다 그 사람이 슬퍼서도 궁금해서도 아니라, 습한 울음을 모방한 어느 점심녘에 강제로 시를 쓰기 위해 감나무를 사랑하다 덜컥 그 애를 사랑하게 된 것이다 나는 나였던 것을 추억하려다 그만 추락해버린다

  손을 놓았다
  잡힌 것이 없어서
  놓친 것이 없었다

  살아나지도 죽어버리지도 않는 것은 고통이기도 하지만 아름답기도 하다 끄덕임 같은 것이 삼삼오오 모여 보기 좋게 썩어간다 나는 그 애처럼 죽지 못한 유서가 될 수도 있었다 그 애는 나처럼 살아보지 못한 비문학이 될 수도 있었다 우리는 꾸준히 우

리의 표정을 읽다가 실수로 시인의 넋을 입었다 때론 태웠다 매미의 유혹은 서러운 아우성, 아름다운 나는 자주 고통스러운 상념에 빠진다 그 애의 절망이 종종 나의 낭만이 되기도 했었다는 것을

  절절한 여름 밤 감나무를 먼저 잊은 매미가 내게 말한다
  "갑시다.
  우린 여기에 너무 오래 머물렀어요."

가난한 우리 집

찢어진 방충망 사이로 별은 강도처럼 드나든다
제 하늘마냥 무자비하게 들쑤시더니
욕심 낼 게 없다고 구름 타고 할랑 가버렸다
뭔지 몰라 홑이불을 끌어올려 덮었다

초침 소리는 무식하게 울려대고
할머니는 침침한 전화벨이 울리길 기다린다
나는 전화기가 고장 났다고 말했다
동네에서 우리집만 정전이 들었다

못된 별만 이따금 드나드는
우리집은 지도에도 없는 외딴섬일까

사막을 걷는 어른들

너의 낯빛은 그다지 화사한 편이 아니었지만
어쩐지 자체에서 빛이 났다
그 아득한 빛이 뿜어지는 곳은 어디인가
태양을 찾아 여행을 떠나는 소설을 짓는다
정말 그럴 수만 있다면
찾아서 그 뒤편에 너를 가둬놓고 돌아오고 싶다
소설은 머리말을 끝으로 소실된다

우리는 서서히 멀어지는 것이 일이지만
빛이란 것은 멀어도 먼 것 같지 않다

너는 도도히 빛난다
극도의 아름다움이 공포가 되는 순간

지은이

가끔씩, 나는 거짓말이다

사람들은 문 밖에서 나를 봐
나는 사람들의 문 밖에 갇혔어

사라지겠지만 살아지지를 않아,
나는 먼지 덮인 조화 같은 거짓말이다
없어질 무언가가 없잖니,
우리는 또 조화롭지 못 한 거짓말이다

그런데 있잖아, 나는 거짓말 좋아해, 속아 넘어가 주는 것도 좋아해, 빤히 드러나는 속내를 못 본 척 끄덕여주는 고갯짓도 좋아해, 진실 같은 건 별로

등을 보이고 돌아앉은 여인의 형상에서
매어진 줄이 끊어지는 듯 노곤한 기척이
이제 그만 아프라는 소리로 들려와요

아아 저건 그냥 기타 소리일 거야

여인은 지금쯤 파란 입술을 술잔에 부비고 있을 거야
노곤한 기척이 아니라, 늙은 손톱의 흔적이고요
이제 그만 아프라는 소리를 들은 건, 좋으라고 한
나쁜 거짓말
하지만 있지, 우리에겐 쓰라린 아픔이 아니라 경험만이
남게 될 거야

버릇처럼 고통은 아무것도 아니라고 한다
괴변을 낭만으로 속여 넣는다

가끔씩, 나는 거짓말이다

낙엽 같던 하루

차라리 나무의 자식이고 싶어
기도를 시작했다
생각하는데 생각마다 왜 목소리가 들릴까
기도하는 내내 목소리는 먼지 같은 호흡으로
나를 돌려내! 누가 태어나고 싶댔어? 돌려보내 줘!
머릿속으로만 단정히 기도했는데
어떻게 알고 방문이 뜯기는 걸까
여기는 아무도 없어요!
라고 말했는데 어떻게 알고 문이 열리는 걸까
난 차라리 나무의 자식이고 싶어

보고 있지요? 나아는 자알 떨어져요
사람들이 내 죽음을 보고 사진을 찍어가요
나아는 가아장 예쁘게 떨어지거든요
엄마야 나는 죽는 게 아니야
다음에 또, 또 봐
벌써 보고 싶고 그으래
여기서는 나를 믿어도 돼

당신은 언제 죽지? 미안하지만
당신은 죽을 리가 없어

무채색으로 우는 달의 말

모두가 나를 보기만 하면 눈을 감아
그 기분을 감은 눈두덩에 말해주고 싶진 않았다

별똥별처럼 찰나에 쏟아지고 싶었다
찡그린 그 찰나에 숨겨온 전부를 잃고 싶어진다
누군가 봤을 거야, 바보같이 소원을 빌었을까?

커튼 사이로 햇살은 비틀비틀 걸어 나온다
그러마, 하고 눈이 멀어주기로 한다

살인마의 생일케이크

날마다 부지런히
나는 나를 영영 숨기기 위해
구멍을 만들어요 바닥을 퍼내요
자상한 살인마의 속눈썹에
소원 하나씩 실어 보내요

촛불 하나와
스물한 살의 생일케이크는
어울리지 않아요
불 하나의 춤사위마저 시끄럽다던 혼
정말 시끄러운 건 시곗바늘인데요
안 그래도 억울한 몸뚱이는 들숨으로 울다가
날숨으로 촛불 하나 꺼지옵고
소원 하나씩 실어 보내요

나 좀 사랑해줄래
그리고 그렇게 되면
나 좀 죽여줘

아무렇게나 던져지는 소원은
단정한 시곗바늘에 못질 된
내일의 내가 주울 테지만요

카네이션

학교에서 카네이션을 만드는 시간이 있었다
아이들은 자꾸 붉고 푸른 종이를 접는데
나는 검은색이 너무 좋았다
선생님은 내 까만 카네이션을 들고
다시 만들라고 하신다
어쩔 수 없이 하나밖에 접지 못 한다
아이들은 두 개의 꽃종이를 품으며
네 카네이션은 왜 하나야?
라고 물을 테고
나는, 어쩔 수 없었다고
대답할 것이다

낯선 목숨

이토록 낯선 목숨은
비운이 오는 것인가
비운에게 가는 것인가

번개 같은 햇살
밀어낸 듯 문틈까지 밀려온 비
내팽개친 듯 벽에 처박히는 눈
하늘에선 무언가 끊임없이
버려지듯 떨어져 내린다

그리고 아마도
나는 낮은 곳에 사는 것 같다

구부정한 어깨에 꽂히는
낭만주의 하늘의 일기
잘도 베껴 쓰는 목숨 주제 비운이라니

터널의 아침

가만히 있는 것도 견디는 것이다
잠자코 죽은 듯이
죽지 않은 것도
안간힘을 다한 극복이다

모노톤 미아리의 초저녁

그렇구나, 하고 돌아서서
그런데 왜? 하는 날이 많았다

포기를 강요받은 건 나인데
나를 원망하는 날이 많았다

서울은 아름다워요
용서받지 못 할 것들이 아름답게 해요

거실과 식탁

엄마, 엄마가 가난한 건 나 때문이 아니지?
그러니까 출렁이는 난간에 주저앉아도
사랑일까 서둘러 돌아서는 더벅머리도
눈꺼풀로 거둬내는 저녁하늘도
오른발 등을 밟고 선 왼발도
엄마, 내가 가난한 건 엄마 때문이 아니야

술기운이 주는 현상

　술을 먹으면
　손가락과 발가락에 가던 혈기가 눈동자에 쏠리기도 하였다
　암흑을 이기지 못 하고 나약한 목숨을 지키는 짐승처럼
　눈동자는 할 말이 많아 막 눈물이 날 것만 같은데
　마땅히 듣는 이 없는 방구석으로 도망 온 발목이 희다
　적어줄까— 하면 역시 흰 손가락이 더듬더듬 아픈 이름을 짓는다
　창밖 네 번째 가로등에서는 어미를 찾는 아기 울음소리가 울창하고
　장갑을 벗은 할머니는 저뿐인 암흑에 우짖는 고양이를 달래고 있다
　이다지 뜨거워서 바라보는 시선마다 아려오는 눈동자를 덮으면
　교실에서의 울음처럼 방구석이 사각사각 굴러다녔다
　감은 시야에 아픈 이름이 아지랑이 피어오르니

그녀의 이름을 바로잡으면 비로소 울컥 피가 돌았다

되돌아온 붉은 입술이 갓 지은 듯 뜨거운 이름을 부른다

억겁을 더듬고 사각이던 이름을 내가 낭송하고 내가 듣는다

나는 여름이면서 겨울에 살았다

문을 열면
방 안 가득 흰 것에 휩싸인다
혼자 있는 방 안이 너무 참혹하다고 했을 때
너는 방이라도 있었으면 좋겠다고 말했다
우리는 뱃가죽에 거대한 발도장이라도 찍힌 듯이 비명처럼 웃었다
그날 네 표정은 금방이라도 몽타주로 그릴 수 있을 만큼 선명하다
너는 그런 식으로 자주 울었으니까
바깥은 여전히 박하향 아지랑이로 어둠이 녹는다
문을 열면
방 안 가득 박하향이 들이닥친다
너는 모른다
그 방에 혼자 있다는 것은
함께 있을 때에 간혹 느껴지는 것처럼
무척이나 차갑고 쓸쓸한 것인데
이러다 죽어버려도 아무도 모를 참혹이다
하물며 나조차도
나는 여름이면서

겨울에 살았다

너는 모른다

내가 말하지 않았으니

하지만 말해줘도 너는 모른다

고통의 자전

나는 너의 고통이고 싶어
너에게서 멀리 달아나주고 싶었지만
늘 그렇듯 네가 먼저 나에게서 고통이 되었다
멀리 달아나는 모양은 안개를 닮았구나
십자가에 다시 한 번 두 줄을 그어
달 위에 달을 지어본다
고소한 내음이 다정을 들키게 하는
대문 앞에 나는 서있어
아직도 돌아오지 않았나요?

눈 물

그토록 뭉클한 하얀 눈이 더 이상 희지 않습니다
흰 눈이 녹으면 물처럼 투명해집니다
알고 있었나요
추위와 아울러 색이 달아나는 것을
미치도록 환하게
속을 다 비치는 색이 된다는 것을

눈이 녹으면
눈이 품었던
다정의 도시가 드러나요
지극히 다정해서 되레 비정한

알고 있었나요
흰 눈이 녹으면 눈물이 된다는 것을

허기진 방구석에서
얼굴을 뜯어먹을 때의
그 핏물이 된다는 것을

저마다의 기분

사람은 기분을 가져온다
가엾은 그 사람 떠올리면 설움과 울컥 쏟아지고
부러운 그 사람 떠올리면 비참과 비죽 솟아온다

나 또한 사람이니
나를 떠올리자면 왜인지 무엇과도 마주치지 않는다
이것이 쓸쓸함이다

소설이라는 집을 지었다

소설이라는 우리 집을 지었다

누나, 라고 쓰고
마음껏 사랑해본다
오빠, 라고 쓰고
와달라고 울먹인다

사랑이 될 수 없는 사람이 있다

엄마들은 자꾸 숨어버리고
엄마들은 자꾸 나타나고
아빠들은 자꾸 밥을 먹으라고 하고
아빠들은 자꾸 술을 먹고
나는 엄마나 아빠가 전부인데

저 사람들은 잘못을 저질렀고
그 실수가 나일 거야
누나, 하지만 잘못에게 잘못은 없어요

글쎄 그러니까
이쯤에서 무얼 해야 할지 모르겠어
오빠, 난 뭘 하지 말았어야 했나요

잊히지 않는 사람

햇살에게 지고 눈살을 찌푸리고 있으면
날씨가 좋다고 옆에서 웃음 짓는 사람이었다

외면하고 싶은 날씨와 어울리는 사람이었다

그늘에 밀어 넣고 싶게 하는 사람이었다

두고두고 싫증내고 싶은 사람이었다

베란다 냄새는 살인적

달님, 네가 올래, 내가 갈까?
네가 원하면
나는 피터팬도 웬디도 되어줄 수 있어
내가 기다릴까? 네가 기다릴래?
어디든 가버리자고
저승이라도 좋아 광장이라도 좋아
아니 쓰레기 더미라도 좋아
나는 여기서 사라질 날만 기다리고 있어
환장할 노릇이지, 당장 사라져도 되는데
갈 곳이 없어
나는 자꾸만 베란다에 있어

그 여자네 책상

다 죽다 말고 옅게 살아남은 잘잘한 전등 아래
쏟아지는 눈부심 아래
생을 마감하는 밝음 아래
두 손 모아 떠받든다

어른들은 절로 병 들기를 자처하면서
남들에게는 살아있으라고 꾸짖곤 해
웃기지도 않지
그런데 넌 말이다
너는 조금만 오래 머물러라
내 이름이 다 지워지면
너는 그때 가서 사라져라

두 손 거둔다고 떨어질 빛도 아니거늘
꼭 간절히 떠받들고 기도하는 여자가 말한다

어른들은 종종 혼자 있으면 미쳐가곤 해
그런데 사실, 그건 그냥 솔직해지는 거다

고까운 혼잣말을 두르고 자라나는 여자가 끄덕인다

무제

우주의 색으로
나는 웃고 떠들고 마음껏 절규하고 싶었다
언제나처럼 어두컴컴한 거리에 누군가 있다
해가 아주 반대로 가서 세상을 지울 때에
울퉁불퉁 흐리게 지워진 채 남은 사람들은
지구의 색이다
우주에서 가장 망연한 색
나는 슬픔의 침묵에 떠밀려 질주하게 된다
해처럼 달아나 보았으나
언제나처럼 달빛 아래에 박혀 이런 거나 쓰고 있다
사랑도 아니고 사람의 것도 아닌 이런 거

위로의 폭언

  나는 분명 혼자 있고 싶었거든, 오늘 하루 내내
  그런데 왜 너한테 오게 되었는지 모르겠다 너도 외롭니?
  외롭다는 말, 언제 떠올려? 아니 언제 알게 됐어?
  너나 나나 우리나 쟤네나 다 똑같겠지 그래도 재밌어
  아니 역겨워 난 있지 혼자 있어도 혼자 있고 싶을 때가 많아
  살아서도 살고 싶을 때가, 아주 많아, 나는 내가 싫은가 봐
  나보다 네가 더 좋나 보다 맞아 이건 그냥 말실수 같은 거
  사랑 같은 거 믿어본 적 없어 나는 그런데 너는 믿고 싶어져
  이런 걸 보고 뭐라고 하더라, 꼴에 봄인가, 예정된 비극인가
  내가 외롭다고 하면, 너도 외롭다고 할 거니? 똑같이?
  고독과 고독이 만나서 고독이 사라지는 것은 불

가능하지

 그런 건 세상에 없어, 그딴 음악 좀 꺼, 난 집에 가야겠어

 애초에 혼자 있고 싶었거든, 계속하고 계속해서, 미친 듯이

당신의 소생

아빠, 잘 있어요, 나는 도망가요

누누이 말했지만 나는 이 망연한 세상에서 당신이 제일 좋아
가장 망연한 당신의 얼굴이 만들어준 가련한 버릇

어찌 되었든 나는 당신의 과거를 닮아가는 것이고
당신이 나의 미래를 칠한다는 말을 해주고 싶었지

서럽다고 울부짖는 당신이 더 이상 불쌍하지 않은 적이 있다

반짝이는 생각이 들어
당신에겐 꼭 내가 없어야 나를 찾는 버릇이 있어

엄마, 어서 도망가요, 나는 잘 있어요

제 2부

당신이 잊은 곳이 어디지?
당신이 버린 곳에 나를 버려줘

결여된 마침표

나는 가만히 있었어요
시계가 움직이는 것처럼
세계가 흘렀을 뿐이지요
단지 세계가 자라나는 것이죠
몰래도 아니고 비밀도 아니에요
시곗바늘이 가리키는 모퉁이에
나는, 가만히, 있어요

겨울 밤의 소용돌이

나는 썩은 나무 같다
사람들은 내 뿌리가 썩은 줄 모르고
처음부터 어두운 나무라는 듯 내버려 둔다
이미 죽은 것도 모르고 새잎을 기다리고 있다

눈사람들

베로니카, 가장 비참한 겨울이 뭔지 아니
모두가 분주한 해질녘에 홀로 두껍게 껴입은 아이가
잔뜩 쌓인 눈을 뭉쳐 눈사람을 만들었을 때야
난 그때, 있지도 않은 사람이 녹아버릴까 걱정했지 뭐야
애초에 아무것도 아닌 눈사람인데

그래서 비참했던 거야
왜 아무것도 아닌 것마저 나를 외롭게 하는 걸까

오전 4시의 쓸쓸함

오래된 몸살은 오전 4시의 쓸쓸함과 닮았다
안개 같은 먼지밭을 비추는 회색빛
시집 같은 손바닥에 새겨진 파란
나는 오래오래 앓았으므로
내가 그리워졌다
쓸쓸한 것이 아닐 수가 없다

암담한 파란 글자가
주절주절 녹아서는
하늘색으로 스며든다
하늘의 색이다
나는 기껏 앓는다

내가 아닌 내 것들이 불쌍하다
가엾도다, 다시 돌아온 열망이여
그리운 나의 상실들이여

실수의 실수

그대 눈동자가 더 이상 고통스럽지 않아
고통스러운 건 무얼까
더 이상의 고통을 담지 못하는 이 눈동자가 아닌가

너를 사랑하고 싶은 것은 아니지만
네가 외롭지 않기를 바라는 마음이 있다
머릿속에서 꿰다만 우리의 실수들이 미어터졌다

비극은
사랑받지 못하는 네가 아니라
사랑하지 못하는 내가 만든다

은하수는 질렸어
수줍은 내 달님에게 무얼 바라겠나?
실수를 덮은 것이 실수일 줄이야

죽은나무색

내 하루의 끝은 짐작하다 어물쩍 끝나버리고 만다
오로지 잠 들기만을 위해 깨어있는 것 같다
폐부를 조여 오는 중력으로, 눈꺼풀에 매달린 눈망울로
고요한 우리의 집은 천장이 49층 정도의 높이었다
자려고 누워 어쩔 수 없이 올려다보면 말끔하고 흰 천장에
무신경하게 묻어있는 작은 얼룩이 눈에 띄었다
거슬린다기보다는 몰입되고 있었다
공격을 당한 모기가 훔쳤던 누군가의 뜨거운 핏자국
전 집주인의 아들이 붙여놓고는 떠날 적에 떼어간 야광별의 흔적
우물 안 도시박쥐의 불순물
늙은 아이가 힘껏 갉아먹은 밤
정체를 알 수 없는 죽은 나무색의 얼룩이 점점 가까워진다
48층, 47층, 39층, 22층, 8층, 4층, 1층, 그리고
바닥까지 닿아온다 바람으로 느낄 수 있다 바닥에

는 내가 있다
 천장은 관 뚜껑처럼 나를 아주 덮을 듯이 무너져 내리고
 나는 죽을지도 모르겠다는 글을 남겨놓고 싶다
 나에게 하루란 그런 것이다
 한 번도 살아본 적 없는 죽은 나무색의 얼룩 같은

144번 버스에서 가장 높은 자리

당신이 나를 좋아한 것처럼
나도 당신이 좋았어요 그때

하지만 당신은 원래 좋은 사람이었지요
나는 그 봄에, 내가 싫어지는 중이었죠

모든 게 나 때문이라고 해주세요
내 잘못입니다 나 같은 건 그냥 덮어야 해요
손톱 끝까지 내몰린 봉숭아 물빛도
두 개뿐인 눈가에 번지고 말았군요
나도 나 같은 것을 덮기 위해 살아요 살긴 해요

일말의 낭만

이렇게 유독 어수선한 대낮에
나를 죽게 만드는 건
사랑 같은 것이 아니라
사랑도 어찌 못 한 것들이다

대체로 무난한 화요일

일요일과 월요일을 분간하지 못 하는 병이 있다
어떤 시인의 성명은 그 병명과 동일하였다

이 위대한 젊음, 절망
스스로 그런 것이라 다짐하지만
누군가 내게 그런 것이라 이를 때에
그 거대한 허무, 허전
아세요?
그 이름에 걸려보셨어요?

새우잠

말끔하던 눈발이 자꾸 꾀죄죄하게 녹는다

신이 너무 외로워서 인간을 만들었다
목메는 쓸쓸함으로 인간은 만들어졌다
그리하야 나는 눈이 내리면 눈을 감고
눈이 녹아가는 지독한 광경을 눈에 담는다

얼녹아 사라지는 눈을 부러워하고 있다고
쓸쓸한 기도를 올리는 것은
잔혹한 신에게 할 수 있는 열렬한 위로였다

신이시여, 신이시여
오늘도 외로운 신이시여
오늘도 이 인간을 살려두는군요

사라지는 것들은 전부 나의 희망이었다

알 수 없는 쓸쓸함

밤이면 모든 눈동자에서 영롱한 불씨가 보인다
아니다
밤이면 모든 눈시울에서 잿더미의 냄새가 난다

어느 날은 지구마저 사랑에 빠진 것 같다가
이런 날은 우주조차 사랑에 튕겨져 나온 것 같다

버려진 기분은 밤의 부피만큼이나 쓸쓸하다

잠깐
그렇다면 도대체
누가 나를 버렸단 말인가

생의 미제

메롱, 하고 달의 혀가 창가를 맛보고 갔어
분명 뜬 눈으로 보았는데 기억에 남을 것인데
너는 내 동그란 방이 깜깜해서 싫다고 한다

적잖이 부딪히면서도 왜 잡히는 건 없지?
내게도 손이 있는데 너는 벽을 붙잡고
목이 있는데 문고리를 쥐고 나를 까먹는다

내 방의 맛은 어떤가요?
물어봐도 달은 없고 너는 없고 어둠만 남았다
아니다 나도 남기는 남아 있다
나도 나를 까먹어가는 무렵
비장한 달의 침으로 무언가를 적기로 하지만
너도 나를 까먹고 나도 나를 까먹어가는 주제에
이다지도 매일 나의 생존을 묻고자 찾아와주는
밤이라는 유일한 목격자를 감당할 수 없어진다

내 삶은 불행이 아닌데 나는 절망적이다
내가 절망적일 때 삶은 그럼에도 희망적이라는 것

그러니까, 내가 하고 싶은 말은 거진 질문뿐인데
나의 질문에는 정답이 없다

생은 언제 적응될까

오늘 밤은 두텁다
그것 말고는 보이지 않는다

연꽃무덤

얘, 죽지 마
아니 살지 마, 그렇게는 말이야
꿈은 또 다른 차원이야
잠에 빠져들기 전부터
드는 순간까지 너는
어떤 이가 되고 싶어?
시체를 꿈꾸는 건 반칙이야
무덤은 무덤에게 갈 수 없으니까

이윽고 네가 잠에 빠져들었으니
나는 다른 차원으로 흘러들 거야

"얘, 너처럼 사랑스러운 무덤은 처음 봐. 여행하고 싶은 무덤은 무얼 타고 가야 하니?"

정이 많은 할머니

정이 많은 할머니는 기억이 가득 차서
하나씩 흘리는 중이었다

커피를 먹고 컵을 씻고
커피를 먹는다

커피가 치매 예방에 좋다더라고 하신다
그런 건 잘 잊히지도 않으면서
자꾸만 집을 나간다
집인 줄 몰라서 나간다

정이 많은 할머니는 오늘도
하나씩 흘리고

정이 부족한 내가 주워
다시 안겨줘야 하지만

자꾸만 집을 나간다
집인 줄 모르고

가뿐하게
인사한다

같은 세상

까마귀는 흥얼거렸을 뿐인데
나는 굉음에 눈물에 핑 돌았고

내가 지붕이 갈라지도록 울부짖어도
까마귀는 달 뒤편에 오래도록 잠 든다

지독하다
같은 세상이다

뒤쳐진다는 것

날이 넘어가야 할 텐데 넘어져 가지 않는 날

할머니 입속으로 넘어가는 저녁
개 주둥이에서 넘어오는 점심
날짜 없는 하루는 팽글팽글 쓰라리다

날이 주저앉아 갈 생각을 안 하니
뛰어도 뛰어도 오늘이구나

좀 자라고 문틈 새로 걱정 보내는 새아버지
커피 속에 부글부글 숨 쉬어도 불길한 새벽

내가 주저앉으면 날은 저만치 뛴다

사람

사람은 왜 필사적으로 외로운 것일까
나는 순수하지 못 한 영혼으로
이 세상에 사람으로 태어났다
외로운 사람이 부르는 노래를 듣고
외로운 사람이 지은 문학을 읽고
외로운 사람이 나오는 영화를 보고
외로운 사람이 개발한 편의점 음식을 먹는다
적막을 그대로 두고 들어오는 혼란
겨울밤 내 창문에 처박히는 불빛처럼
상처도 없이 깊이 스며든다
밤새 반짝이는 개의 눈을 보면 눈물이 난다
배 안 고프니? 말 없는 개는 눈을 끔뻑이고
어디 아픈 거 아니지? 말 못 짓는 개는 잠이 든다
나는 개보다 순수하지 못 한 영혼이었으므로
어쩔 수 없는 사람으로 태어났다
외로워 잠 못 드는 밤에
조용히 혼란과 한 몸이 된다
돌아가고 싶은 추억거리 하나 없는 잠자리에서는
스스로 더러운 영혼이라고 생각하는 쪽이 편했다

마치 어린 나방

어린 나방은 불빛으로 뛰어든다
황홀함으로
미칠 것 같은 희망으로
영원하고 싶은 나른함으로
불길 속으로 뛰어들었다
후회하지 않았다
후회하고 싶었다

성년의 날

아무것도 손에 쥔 것 없이
새벽 내내 숲 속을 걷는 것

텅 빈 주먹으로
암흑과 수십 번 부딪히는 것

기꺼이 아무 표정이나 주워 먹는 것

애썼다
그 한마디에 기다렸다는 듯이
나락으로 기우는 것

어머니, 하룻밤만 재워주세요
빈손으로는 더 이상 갈 곳이 없어요

어느 청춘에는 씨앗이 없다

행복은 서서히 소문을 내며 온다
하루는 이유 없이 설레다가
문득 사소한 것에 행복하다고 느낀다

그런데 불행은 순서도 없이 갑작스레 온다
난생처음 끝을 맛 본 절망이 있다
가장 먼저 떨어져야 할 놈도 있는데
가장 외로운 놈이 함부로 떨어져버렸다

이런 식의 반복된 삶에 의미가 있을 리 있나
행복 다음에는 불행이 오고
불행 다음에는 아무것도 없으니

사람들은 문득 사소한 것에 치를 떨기 시작한다

언제부터인가, 세월보다 앞서가는
늙은 마음은 기력이 없고
어느 청춘에는 씨앗이 없다

녹슨 저녁 내가 돌아가야 할 집에는
허무만 기다리고 있을 뿐이다

행복이 무어던가,
생각해보면 별 것도 아닌 것 같은데
불행이 무어던가,
생각해보면 별 게 다 위태롭다

자야한다는 것부터 시작하여
깨어나야 한다는 것까지
그렇게 사소한 것들에 지쳐가고

하루를 보내는 것이 아니라
하루를 짊어진 듯한 기분이 든다면

이다지도 무모한 시절을 무어라 하던가
누군가 감히 청춘이란 계절을 쏟을 때
나는 기꺼이 떨어지기로 한다

떨어지는 것은 아무것도 아니다
본디 허공이었으니

훼손된 서광

이 또한 지나가리라, 라는 구절
건너 건너 듣고

또한 나를 밟고 지나가는 바람에
나는 여태 아파 죽겠다, 라는 간담
건너 건너 삼켰습니다

나는 무너지지 않을 테지만

미완성 기적이라는 게 있다고 한다
구불구불한 회로 끝에 손바닥 뒤집듯
일으키거나 때려치울 그런 기적이란 게
누구든 지녔으며 나 또한 마찬가지라 한다

기적은 누구든 일으킬 수 있으나
기회란 누구에게나 허락되지 않는 것이다

같은 곳을 바라보며 밤낮 매진해본 사람은 안다
'나도 하다 보면…'
'나도 살다 보면…'
계속되는 반복과 번복에
앞으로도 나는 무너지지 않을 테지만

글쎄, 나의 기적은
태어날 당시에 모조리 써버렸을지도 모를 일이다

내일의 문장

나는 끊임없이 죽어가고 있어요
당신의 간절함을 먹고 가는 저 별똥별처럼
나는 어떻게든 살아서, 죽어가고 있어요

23시의 시

네 동네는 삼십 층짜리 아파트 건물로 빼곡하니까
달빛은 어쩌면 네 방까지 닿지 않을 수도 있겠지

열한시짜리 밤에 뜬 달빛이 나의 집이란다
매일 남의 집으로 들어가 야속한 달빛만 노려보지만
웃는 얼굴로 만들어진 눈사람처럼 인기척이 없다

열한시짜리 밤이다 딱 열한시만큼만 쓸쓸한
네 이름은 빈집 내 이름은 금기다
사는 동안 너의 울음은 무음이었으며
죽는 동안 나의 희망은 흉기였으므로

친구여, 달빛이여, 빈집이여
열한시짜리 시인을 부르지 말기를
잊어야지 잊어야지 하다가 나는 네 것이 되고 싶다

구석의 절규

타인을 보듯 나를 느낀다

타인의 절망은
피맺힌 꽃잎 같고
잔뜩 슬플 때는 궁금하다
그러니까, 왜 슬픈데?
나는 나의 영문 모를 슬픔에 화가 났다

저 구석에 나를 묶어두고
돌아누워 잠들고 싶다

나는 언제쯤 살고 싶어지는 거죠?
저 구석에서 묻는다

나의 간절함은 왜 늘 구멍으로 가는 건가요?
저 구석에서 내게 묻는다

동아줄을 내리면
꽃치장을 한 채로

눈을 뜨고 목을 맬 저 구석에서

상상

보름달만한 행운이 너를 짓누르길 바라
안개를 뚫고 들어찬 유일한 별빛 같은 이적을
네가 손수 일으키는 날이 많기를
너에게로 초롱초롱 쏟아지는 찬사와
물결처럼 영롱한 손길들
어느새 네 것이 된 다정과 다감을 상상해

그리고 그런 것들에 질려버린 네가
발에 채는 것 하나 없이 쓸쓸하며
캄캄하고
아무것도 아닌
내게로 숨으러 오는 상상을

사랑해, 그야말로 괜찮은 변명이겠지

손바닥으로 짚은 별빛

이봐, 당신이 잊은 곳이 어디지?
당신이 버린 곳에 나를 버려줘

울지 않겠느냐고?
웃겠지

당신이 아직 황망인데
내가 어찌 절망이라 하겠나

독야에 뜬 우편함

 나는 문을 열어 둥글고 모진 회색을 던져 우편함을 세우려고 한다 반대에 사는 네가 보면 달이라고 할지도 모르지, 무어라 주절이며 비관과 낙관을 보낼지도 모른다 소리를 잃은 것 같다 모국어가 서툴러진 걸까 아니 상실이란 게 뭔지 잘 모르겠다 궁극에는 시를 보살필 수 없었다 슬픔이란 것을 무어라 말해야 하는지 모르니 반대로 흐르는 구름에게는 그리움과 슬픔은 다르다고 아로새겼다 악을 지른 것도 아니고, 하품을 한 것도 아니야 나는 너를 불렀다 있지, 저녁에 지어먹은 쌀밥에서 할머니 냄새가 나 우리 할머니는 백내장을 앓았어 나는 달을 마주 보는 기분으로 슬픔의 정의를 잃었던 걸까 결국 아무 말도 들려주지 못한 채 곁을 떠났고 다시는 마주 보고 싶지 않은 그리움이 되었다 와달라고 울며 보채려던 통화음부터 언어를 잃은 것 같지마는, 나는 너를 불렀어 오래 그리워서 슬프게 하는 인물이 되지 말자 너무 슬프면 무심코 나를 그리워해주겠니 그리움은 문을 열 수 있지만 슬픔은 문을 막아버린단 말이야 둘의 감정이 하나의 감정으로 다시 태어

나는 날이 예감되면 나는 너밖에 부를 자가 없어 자해를 유인하는 순수 감정의 탄일은 기필코 오고 있다 너도 알지? 달이라는 행성은 구태여 가보지 않아도 알 수 있잖아 늙고 암묵적인 동감들 나는 문을 열어 둥글고 모진 회색을 던져 우편함을 세우려고 한다

자꾸만 끊겨서 다독이는 것 같은 울음소리를 사랑할 거야

찡그린 얼굴로 나를 걱정해주는 건 싫지만
그래도 내가 못 참고 울어버릴 때는
너무 서러워서 너무너무 지독해서
서로 끌어안은 품에 끼어 죽을 것처럼
안아줘,
자꾸만 끊겨서 다독이는 것 같은
울음 섞인 목소리를 사랑할 거야

엄마라는 여자는 사랑이 뭔지 잘 몰라
어떻게 생겨나는지 어떻게 하는 건지
아무것도 모르는 거야, 이건 사랑이 아니라
복수거든, 엄만 내가 너무너무 억울한가 봐

저녁에는 자주 물음표라는 갈고리에
걸려 아파하고 있어
나는 아직도 내 잘못을 짐작해보면
여자의 귓전이 떠올라

안녕, 나랑, 저녁, 먹을래?
다, 먹으면, 아침이, 오니까, 이제
울지, 마

가랑비의 독백

우리 삶에 무엇 하나 쉬운 게 없는데
나 기꺼이 당신에게 쉬운 존재가 되어주고 싶었다
한데 그마저도 쉽지 않다

비로맨스

전화를 할 수도 있었잖아
너는 기껏해야 투정밖에 부릴 줄 모르고

동전이 없었어
나는 기어이 가난을 내세운다

여기는 대교야, 버스가 끊겼어 아마 어제부터 끊긴 것 같아 어제부터 여기에 있었어 밤을 새웠더니 피곤하지가 않네 실로 오랜만에 정신이 맑아 반면에 눈동자는 조금 탁해졌지만 그런데 나 여기서 계속 네가 보고 싶었는데 보려고 하지 않았어 사실 어떻게 하는지 모르겠어서 네가 보고 싶은데 어쩔 줄을 몰라서 밤새 대교를 지켰어 내 발밑에 강이 흘러 강가에 오면 네 냄새가 나 왠지 모를 위안을 맡아 웃기지 너는 냄새 같은 게 없었는데 말이야

공중전화 박스에 눈이 와, 여기 진짜 춥다
나는 아무렇지 않게 얼어가고

나랑 통화하는데 그렇게 추워?
너는 기껏해야 구경밖에 더 할 게 없는데

너 아니면 내가 여기 왜 서있겠어
아직도 대교야, 너랑 헤어지기 싫어, 너 없는 청춘은 낭비야

오늘의 날씨, 울 일 없음

 골목의 불빛은 죄다 주황빛이다 네 창문은 작고 네모나고 하얀 것이 동네에서 가장 불길하다 네 은신처에 닿은 바람에선 휘파람 소리가 난다 지극히 아름다운 것은 저리도 위태로운 것인가 아슬아슬한 형상이야말로 지극한 아름다움이 되는 것인가 그 울음소리는 별과 별이 부딪히는 듯한 허밍이었다 오늘밤엔 별 여럿이 손뼉을 치며 너의 울음을 흉내 내고 있다 이렇게 천지가 슬픔을 껴입어서 너는 오늘도 울 곳이 없겠구나 울 곳도 없는데 네 창문은 여전히 광적이다 돌멩이를 찾다가 눈물부터 찾았다 아아, 세상 같은 거, 아름답든 허름하든 모두 나름대로 가엾고 제각기 위태로워 울 곳이 없는 것이었나

 온몸이 주황에 물들었다가 하양에 찔린다
 저 안에서 너는 잃어버린 눈물을 찾고 있겠지

나 같은 재앙

이제 다 그만하고 싶어
또박또박 말하는 네 눈은 싱그럽고
넌 이미 아무것도 하고 있지 않아
무심코 대꾸하는 내 눈은 징그럽지
너는 지구 밖에서 헤엄치듯 가라앉는데
나는 우주 밖에서 나락의 너를 지켜만 볼 거야
다시 생각해 보면,
하늘 없는 저곳에 어느 쪽이 바닥이지?
너는 속절없이 빨려 들어가면서
용케도 가라앉는 얼굴을 지었구나

검은 구멍이 보여, 아니 꼭 그것만 보여
너는 나를 보다 블랙홀을 발견했고
그래 어쩌면 그건 내 눈동자던가
네 오만한 우울감이던가
해골이 된 너를 덮는 무덤일지도 모르지
너는 너를 빼앗기면서
잘도 반가운 얼굴을 지었고
내게 보이는 네 모습이 네 것이 아니라는

생각이 들어
어쩌면 네 말이 다 맞았던 것 같다

너 같은 거, 그러니까 너 같은 재앙은
차라리 죽어서 억울한 게 나을지도 모른다

공허

너의 우울은
나의 우물이다
밤도 아닌데 아득한 그 구멍은
나를 부른다
나는 기꺼이 빠져들지만
가도 너는 없다

맨 밑에 있는 파편

종종 네가 떠오르는데
그 얼굴은 도통 어렴풋하다
저 깊숙한 뱃속에서 불어터진 것처럼

헤아릴 수 없는 수많은 밤
너는 자주 반짝반짝 낭랑하지만
날카로운 것의 반짝임 같은 것이다

내가 너를 사랑하고 있나?
아마 애틋함은 없는 것 같다

등

나는 나의 등을 보지 못한다
삼키고 쌓아두고 눌러 담은 괴로운 울분이
그곳까지 밀려난 게 아닐까 짐작해볼 뿐

아비는 내 등만 보면 울었다
나는 내 등을 몰라서 울었다

대관절 등에 무엇이 깃들었는지
그 무엇이길래
고단한 얼굴이 뭉그러지는지 몰라서

우리,
뒤돌아서 포옹할까요
나는 유독 남겨진 것에 잘 슬퍼져요

청춘미완성

그친 장마는 무지개빛 비극이다
또다시 쨍한 햇발이 사람들을 다그치고 있다

웃음으로는 완성되지 않는 청춘
시대는 간다
눅진 손목으로 기록한다

무엇에도 집중할 수 없었던 시대
죽음으로 유배될지언정 날씨 따위 가늠 못 할 중독자가 되고 싶어진다

빈마음에서 나오는 빈말

네가 있어서 사는 것 같다는 말
전에도 이렇게 내뱉은 적이 있지
저런 눈망울 또한 한두 번이 아니다
사랑 같은 건 일생에 한 번뿐인 목숨이 아니니

네가 있어서 사는 거라고
몇 번이나 구원받았더라
불마의 고독이면서 나는

세 번의 대식

3

 극도의 평화는 지옥이다 겨울밤보다 한산한 여름 밤에 잠들지 못한 이유는 겨우 열기 따위가 아닐세 큰 파도가 몰아치고 부서지는 망망대해에 초연히 휘둘리다 닿은 극지의 암담한 밤이 좋았지 그 고요한 평화를 너무나도 아꼈지 까무룩 감기려던 눈꺼풀이 일순 부릅뜨게 된 것은 끝 방의 거센 숨소리가 무서워 그런 것이 아닐세 절대 끝 방 괴물이 잠든 이 시간에 무어라도 하고자 깨어있는 것이 아니야 추악한 괴물 따위 나를 각성시킬 대단한 것이 아니다 나를 누르고 내려앉는 마침내 평화에 안심할 뿐 나는 낮아지고 있다 나는 더 자꾸만 낮아지는 것이 일이다 이토록 평온히 가라앉는 이름을 부른 적이 있는가 그 누구도 불러주지 않았지 밤이란 것은 나의 생존을 확인하러 오는 유일한 빛이다

2

 나는 짐짓 살아 있다 깨지는 듯한 비명으로 괴물

이 문득 뒤척이던 새벽녘 밤하늘서는 잊혔던 나라는 바닥을 생뚱맞게 깨닫고는 기어이 낮은 이름을 불렀고 그 우짖는 소리에 눈물이 핑 돈 것들 중에 나는 없었지 또 어디선가 저를 찾아달라 울고불고 또 어디선가 나를 잊어버린 내가 뜨는군 왈가닥 떠오른 것이 시련이라면 이길 열망이 있을 리가 만무하지만 긴 절망은 나를 무기력에 빠뜨리고 말았네 빼앗긴 달은 애초 하늘의 것이나 그럴 테면 나를 위로하지 말지 그랬나 달빛을 보여주고 어둠에 눕혔다면 까마득히 나직한 세상에 나만 놓지는 말았어야지 않은가 극도의 평화로 무장한 이곳이 지옥이 아니라면 무어란 말인가 죽음으로 가는 것은 생뿐이다 죽지 않았으므로 죽어가는 것

1
그대, 나는 낙원의 재앙이다

오만함의 본질

날씨는 하루마다 조금씩 변하고
하늘은 어제보다 쓸쓸한데
아무렇게나 떠있는 달은 갈수록 부풀어서

남자는 매일 편지를 써, 서랍장 가득 찼고
여자는 봉투를 뒤집어쓰고 울어

영화는 십분짜리였고
이름만 보았던 감독의 외로움이
여간 길게 느껴지는데

나는 오늘도 우울의 감상을 찾지 못했고
어쩌면 의미가 없어서 더 우울해지니까

고혹스러운 미술관에 걸린 그림들
무심히 지나치듯 하루를 또 지나

누군가 안아줄 때면
덜 아플만한 바닥을 고민하게 돼

제 3부

나는 보고 싶어 못 견디겠다
는 말로 여태 견뎌내고 있으니까

멍울진 밤

누군가 나를 애틋하게 여기는 밤이 있다
내가 담담히 아름다워지는 순간

열백마리의 양들이 문턱을 넘어가는 푸른 밤
할머니, 나는 먹이가 될 양이 되고 싶었어요
잠드는 방법을 몰라 잠투정을 부리던 가장 아름답던 나일 적에
지나친 투정이 자해가 되고 말았던 그 푸른 밤을 지나왔지마는
할머니, 나는 늑대를 사랑하는 양이 되고 싶었어요

얼음과 여름

치운다고 치워지지 않는 감정의 책갈피처럼
너는 나를 버리지 않았는데
나는 이따금 버려지고 있다
손금이 흐려진다
눈동자가 투명하다
손톱이 자라지 않는다

난 괜찮아
사랑이 아니면 어때
가지 마, 나는 나이만 먹었잖아
혼자 두지 마

표정이 없는 나의 정서

 피고 시드는 것이 일이라는 바깥 세계를 걷고
 또 걸어 마침내 발걸음이 멎은 문턱 너머 나의
세계는
 얼고 녹는 것이 일이라는 듯 종잡을 수 없어서
 외투를 벗으려다 다시금 여미었다
 그 아무리 피고시든 것이 배인 겉옷의 냄새는
 허무조차 없어서 골을 내며 구석에 팽개쳐진다

 어느덧 시들었으니 이제는 피어날 일만 남았다던
 그 아이 말의 뜻이 싫다 해맑음이 싫다
 알지도 못하면서 알아주려는 마음씨가 싫다

 침대를 두고 장판에 누워
 옷을 벗고 이불을 입으면
 살아 있음을 느낀다
 하지만 너무도 살아 있음을 느꼈다
 역겹도록 나는 젊고 있구나

 녹았던 것이 펄펄 끓기 시작한다

그저 그런 것이다
시들고 피어도 피고 또 시들어도
허무하지 않는 그 아이의 세계를
나는 구걸하고 싶었을지도 모른다고

우주의 무딘 젊음

나는 사랑 한 번 배워보자고 그대를 만난 것인데
알고 보니 그대는 외로움의 전문가였다던
그렇고 그런 늙지 않는 젊음들의 이야기

지하에서 지상으로 가는 에스컬레이터

어쩌면 되는 일이 하나도 없다고 생각할 때마다
꼭 그런 생각만 엿듣는 아버지가 문득 고개를 든다
아버지는 그 큰 몸으로 내 작은 머리통을 지배했다
그가 고개를 치켜 들 때마다 머리에서 찢어지는 소리가 들린다
나는 자라면서, 왜 이런 일들이 순조롭게 일어나는 걸까
슬픔은 말하자면 폭로가 되고 삭히자면 폭발이 되는 뜻을 가졌고

지하 일층에서 지상 일층으로 이어지는 에스컬레이터에서
수화기 너머로 아버지는 유언을 남기셨다
외롭고 괴로운 아버지는 자주 살기가 싫었고
거기서도 내 마음은 슬프지 않았으나
다 젖은 아버지가 고개를 들어서 눈물이 샜다

아버지가 슬퍼하는데 나는 도무지 슬프지 않았다
나는 살면서, 그 사실이 가장 슬프다

일평생 나의 목소리를 들을 수 없는 나는
듣고 있으면 눈물 나는 목소리를 가졌다고 했다
내 음성은 아버지를 울리고 아버지의 울음은 나를 침묵하게 한다
녹음된 고백은 오늘도 별 탈 없이 아버지께 사랑을 떠밀고
아버지의 녹음된 유언은 오늘도 별 탈 없이 내 머리통에 처박힌다

사람 많은 거리에 아버지가 자꾸만 고개를 치켜들어서
무거운 내 고개는 주정뱅이 마냥 느닷없이 땅으로 고꾸라진다

아버지, 다 잘 해보려고 그랬던 거지?
그런데 뜻대로 잘 안됐던 거지?

마침내 아버지의 울음이 그치고 이제는 나의 울음이 터질 차례
눈을 뜨면 오늘도 역시나 꿈이 아니라는 사실이 참담하고

미처 살아있는 아버지와 나에게 하늘은 검디검은 관을 덮고 있다

주마등처럼 지나가는 우리의 생애에 슬픔은 없었다
살면서 가장 슬펐던 날처럼 그랬다

아버지, 우리가 죽었던 날을 기억해요?

애매한 다정과 단정

접힌 우산처럼 너는 말한다
괜찮아.
내가 놓고 온 길거리의 우산들이 생각나
보고 싶지는 않아
데려오고 싶은 마음은 없어
버려진 활자처럼 나는 말한다
정말 괜찮아?

낭만주의

매일 태어나는 서정시는 죽는 법을 몰랐고
나는 쓸모없는 낭만을 안고 종말로 뛰어든다

너는 너도 잘 모르면서
나를 다 아는 것처럼 굴었다
나에게로 오는 것처럼 굴었다

매일 꾸며진 종말에게 낭만과 뛰어들지만
또 나만 살아남는다
또 너 같은 너가 다가온다

119

미처 완성되지 않은
수치와 열망 그리고 억설뿐인 책이 있다
400장 중 307장이 공백이던 그 책은
누구도 오지 않을 한여름의
한적한 감나무 언저리에 잘 숨어 있었는데
느닷없는 손짓이
정말 바람 같은 눈짓이
그 누군가가 아무렇게나 펼쳤다
그런 기분이다 나는 갑자기 펼쳐졌고
보여주는 거라곤 수치와 열망, 억설도 아닌
공백이다 119페이지였다

준비되지 않은 내일을 구경한 그 누군가는
나의 공백에 일기를 적기 시작한다
그런 밤에는 누구의 의지로 살아가는지 모르고

누군가는 끊임없이 지루한 하루를 끄적이다
문득 명복을 빌고 있다 다시 119페이지였다

백사장

너의 전생은 바다였고
나의 전생은 모래였다

그리하여 너는 울 때마다 따끔한 바닷물이 샘솟고
나는 울고 싶은데 어딘가에 걸려 넘어오지 않는다

그런 것이다
우리는 전생에 어울렸을 것이다
그러나 우리, 이생은 없어야 했다

얼음 속

새벽 틈틈이 어딘가로 기어들어가는 몸짓
종국에는 서리 덮인 거리에서 깨어나더라
아, 정신 차리면 늘 복잡 속이야
언제 이렇게 추워졌지?
사람들이 너무 빨리 달려오고 있어

길바닥에 동전 찾듯 땅에 박힌 고개를 보면
나를 닮은 사람을 보면
기분 나쁜 사람을 보면
그 뒤편을 향해 서둘러 달려가게 돼
정신 차려요, 여기는 언제 깨질지 모르니까

나를 위해 할 수 있는 1. 비관

세상은 그럭저럭 다채롭거늘
사는 건 어쩌자고 이리도 시시한 걸까
여기 젊음들은 하나같이 멋없는 무표정

너무 많은 애정을 비좁은 마음속에 부어대고 있다
결국 나는, 나를 사랑하고 만 걸까, 싶었지만 역시
잘못 배운 내 사랑은 비관적. 매일매일 주시하고 있다.
죽고 싶다고 말만 해. 한마디 신호를 기다리는 것처럼
내가 나를 위해 할 수 있는 모든 힘을 모으고 있다.

마음을 뚫고 몸 밖으로 뛰쳐나온 수상한 나의 피
수상한 나의 애정

사랑한다
사랑한다
사랑받다 죽어버려라

펼칠 때와 접을 때, 너는 뭐가 더 보고 싶어?

어쭙잖은 비난은 됐어요
날개를 주세요
가장 높은 곳에 갈 테니
어느 외침도 닿지 않는 그곳으로
나는 아름답게 날아서
뚝
하고 접을게요

가을이 죽었다.

 기어코 좀비 같은 계절은 여기까지 찾아왔단다 지난 해 나는 가을이 짧아졌다고 말했지 나는 또 말하지 말았어야 할 걸 말하고 홀로 듣는다 가을은 아무렇지 않게 물들이는 습성을 가졌고 나는 아무렇게나 물 드는 습관이 있어 갈색이 보이면 금방 쓸쓸해져 가을은 외로운 계절이래, 어쩐지 대충 읽은 글자들이 가슴에 타닥타닥 입력이 되더라니 사람은 계절로 인해 외로워지기도 한대, 우리 이렇게 외로울 거면 같이 좀 있자 놀다가는 계절에게 휘둘릴 마음이면 같이 좀 있자 내일 저녁엔 떨어진 낙엽만 발치에 떠밀려 올 테지 초대하지 않은 방문은 어디에도 가지 못하게 몸을 쥐고, 초대받지 않은 방문은 문 앞에서 마음을 쥐어짰다 묵언의 고백을 두른 채 인사를 바라는 건 마찬가지야 초라하거나 위태롭거나 금방 부서질 것 같은 갈색만 보면 나는 어른이 된 기분이 들어 무표정이 흔해, 바삭바삭 밟자고 껑충껑충 뛰노는 아이였는데 개미는 잘도 질근 밟고 가면서 낙엽을 밟자니, 쟤 꼭 나인 것 같잖아 아, 쟤 내가 사랑한 그 애인 것 같잖아 나는 또 두어 달이

지나면 멍청하게 말할 거야

  하수구에 쌓인 시체들 좀 봐,
  지난해 가을은 죽은 척 하더니
  올해 가을은 정말로 죽었다

먼동이 틀 때의 서먹서먹

웃음소리가 들렸다고 여겼는데
너를 보면 꼭 울분을 억누르는 얼굴이다
그런데도 웃음소리는 끊임없이 들려온다

절망을 알면서도 말하지 못하는
너는 못 배운 것보다
잘못 배운 게 많았다

네가 비참할 때마다
나는 돌아서고 싶다

돌아서면 돌아선 대로
죽은 구름처럼 곤두박질치는 웃음들
네가 나를 보는 소리가 들렸는데

돌아보면 꼭 울분을 억누르는 얼굴들이다
어쩌면 내가 그 웃음거리였는지도 모르겠다
다 가진 절망 같은 것에 혼자 너무 심취한 나머지

낙엽메모

그대, 나는 서둘러 너무 많은 것을 애정했다
깊어지는 눈으로 너무 많은 것을 놓쳤다
네가 자고 있을 때만 해도
태양빛이 얼마나 따뜻했는지 모른다
바깥에서 들어온 한줄기 태양빛이 말이다,
얄궂은 백지장을 노랗게 태우는데
그 모양이 어찌나 처연하던지
네가 자고 있을 때만 해도
세상은 그럭저럭 잡혀있었다고
그러나 이토록 다시 밤은 왔단다
나를 볼 수 없는 내가
동시에 무엇이든 뵈지 않는 밤에
이것이 편지인지 일지인지 모른다
네가 알아줘야 할 고백인지 그저 들키고 싶은 비밀인지
 혹, 이런 것도 삶 뒤에서는 열망일 수가 있을지
 마침 잠이 오는 당신이 이 글을 읽는 장면을 켠다
 당신과는 무관한, 진부하고 만만한 유서를 보며
 당신은 어떤 손짓으로

어떤 태양빛에 녹아서
어떤 밤에
어떤 얼굴로 잠이 들는지
바로 말하자면, 세상은 아직 그럭저럭 잡혀있다
그래 그대여, 화자도 잘 알고 있다네
나의 추락을 바라는 것은 나뿐이라는 것 정도는
깊은 관심을 주는 것도
그리고 그것을 놓는 것도
단언컨대 나 말고는 없겠지

-청춘이라는 것은 고난이던 하루만큼 질기고, 순식간에 저버릴 것을 우리는 알고 있었다. 이명 같은 삶을 산다. 2016년 가을은 내 친구들 모두 대체로 비슷한 삶을 보내고 있었다.

고적한 저녁밥상

빛과 빛이 마주 볼 수 있을까
그들은 서로 알아볼 수 있을까
그렇다면 훔쳐본 딸자식 일기장에
비참한 가슴 내리치는 기억 같은 건 없을 텐데

어둠은 어둠을 알아볼 수 없을 것만 같다

외로움으로 산다

달이 쓸고 간 자리마다
외로움 주워 담는다

땅거미 진 저녁에 나를 보고
나를 보면 그림자가 보인다

밤인 듯
나인 듯

살살 저무는 때가 있다
나는 꼭 그것으로 산다

한낮에 너를 보고
저녁에 너를 쓴다

달처럼 먼 곳으로 쓸려가는 고독이 있다
돌아올 때면 다른 삶을 안고 쓸려오지

나는 꼭 그것으로 산다

너의 목에도 메었다던 외로움으로

나는 네 청춘 속 환멸의 부제였다.

이름이 없는 것이 아니네
단지 괄호 속에 묻힌 것뿐이지

묵언하던 바람도
내 방 벽에 닿으면 우짖는 소리를 낸다

뼈아픈 울림이 방안 가득 회오리칠 때에
괄호는 나를 안는 모양으로
그렇게 나를 죽이고 말았다

너에게 영원을 줄까

영원하지 않는 이 세계 속에
한줄기 시인은 그대를 사랑하였다
그대는 이제 영원하다

그대는 겨울 가까이 기록된 유일한 별이었다

굿—나이트

시간은 어느덧 아랫입술까지 차오르고
숨이 턱턱 막혀온다
이 밤 바람소리가 붉다
정성스럽게도 붉어
한 번도 인사하지 않았던 입술이 일렁인다
시간인지 바람인지 너인지
한 번도 인사하지 않을 줄만 알았던 것들아
잘 자라고 한마디만 해주렴
나도 이제는 잘 자도 되지 않니

잘 자라
시간인지 바람인지 너인지
이제 그만 오셔도 좋으니

청바지와 나뭇잎

보고 싶어 견딜 수 없다는 나의 기도는
당신이 와주길 바라는 뜻이 아니라
멀리서 애정하는 나의 당신이
언제나 그렇게 아름답기를 바라는 것이다

나는 보고 싶어서 못 견디겠다
는 말로 여태 견뎌내고 있으니까,

그대는 부단히 화사하시길
바라기만 하겠노라고

당신의 밤

불면이 아니라 불길이라던 당신의 밤

낮보다 쓸쓸하고 새벽보다 초롱초롱한
그 어느 시간보다 어리석은 절정의 밤

당신의 관이 열리면
세상이 전부 빛이고 향기며

당신 눈 속에 담길 것이라면
별게 다 우매하기를

아름다운 것은 늘 순식간이다
불온한 당신의 사랑도 불꽃처럼 사라질 것이다

새벽 붉은 달과 엄마 그리고 나

달은 소원하고
엄마는 애원했네

붉은 달과 어두운 새벽
나는 저 빨간불 때문에
결국 멈춰버린 셈이다

바람처럼 음률처럼 도둑처럼
잔잔하나 거세게 도망치는 시간은
새벽이면 감은 눈에도 띄게 밝아서

눈동자가 없었더라도
감싸 우는 바람소리에
가만 멈춰있었겠지

그런 것 말고는
나를 안아주는 방법을 모르거든

달은 소원하고

엄마는 애원했네

제게도 저를 내어주세요

살자

너는 오늘도 쓰라린 모양
덜컥 미안하다고 하지 말고
고맙다고 해주겠니
자꾸 고마워도 말고
사랑한다고 해줘
사랑한다고 너 그렇게 확 죽어버리고 싶을 때마다
사랑한다고 그럼 딱 죽을 만큼 사랑하자고
사는 게 아주 시시하고 떫을 때
입 밖으로 내던져지는 쓴 말귀를
내가 어찌 달게 삼킨다고 달아지려나

너 하나 버틴다고 달라질 게 없다지만
내가 사라져버린다고 그대로일 것도 없다
죄다 너를 그리워할 것들만 남아서
어떻게든 이 세상은 망가질 테다
그러니
사랑한다, 사랑한다, 나는 네가 그리울 것이다

수신자 불명 (반송될 편지)

너로부터 흘러오는 슬픔이 좋았어
네가 소리 내어 울 때마다
거리는 물결 속에 잠기었고
네가 한숨으로 비명을 토할 때마다
길바닥에 유성이 기어 다녔어

네가 슬플 때
끝도 없이 망가질 때
홀로 첫눈을 미워했을 때
너 자신을 놓고 싶다고 말할 때,
그때 내가 그 많은 너를 다 좋아하고 있었어

그런데요, 이제 나는 아무것도

행복해요
꽃들은 내가 가면 나란히 시들 테고
나는 노을밭에 누워 숨을 참을 거예요
불그스름한 절정에서 나는
누구의 고비도 볼 수 없겠지요

여름 해님은 나보다 꽃을 더 좋아하나 봐요
여태 하늘에 놀고 있다니요
일곱 시의 세상이 찬란하다니요
꽃밭은 여전히 단 내음이 완연할 것만 같아서요
나는 노을밭을 찾다가 오르막에 피어나버려요
고비의 순간에 그만 피어나버려요
아이 내 꽃잎은 아지랑이였군요

꽃들은 지금쯤 하나 둘
어쩌면 몽땅 시들었을까요
보세요 내 옆에서 여름 해님이 늘어져요
온 세상에 주홍글씨가 새겨져요

그런데요
이제 나는, 아무것도
할 수 없어요

숨다.

달은 폐가 지붕에 굴러가고
해는 한강에 잠수를 하는데
매일 일어나
매일 숨는데
하물며 나 따위가
모퉁이를 향하지 않을 수가

모든 것은 지체될 뿐이다.

  깨어나야만 꿈인가, 깨지 않는 꿈도 있을 것이다
  매일 나는 아름답고 흉측한 악몽을 들여다보고 있다
  이를테면 이런 날들,
  죽음이라는 말보다 삶이라는 말에서 울컥하고 뜬금없는 설움이 북받쳤던 날
  나 왜 이러지, 갑자기 왜 이러지? 혼동하는 눈시울이 지나치게 의식적인 날
  가진 절망 따위를 누구에게도 설명하지 못한 채로 변명부터 하기 시작했던 날
  너무너무 울고 싶어서 네가 먼저 울어버리기를 바랐던 날
  거짓을 말하는 평온한 심장이 진실을 말할 때서야 조급해졌던 날
  다들 그렇게 산다는 위로의 말에 한쪽 뺨이 얼얼해져
  그러면요, 그 사람들 다 어디 가서 울어요? 어디를 가서 마음껏 불행하나요?
  다 가진 절망 따위로 구태여 누구보다 처절하게

망가지기를 저주했던 날에도

  젊음은 소모되고 목숨은 유지되며 결국 끝낼 수 있는 것을 찾지 못한 채

  철없는 이십대로 살아간다 모든 것은 지체될 뿐이라는 말을 씹어 삼키며

  그러나 비몽사몽간 거뭇한 손수건에 버려지는 날짜를 세어보는 밤에는 할 수 없이

  나도, 울지 않고 말할 수 있는 하루를 살고 싶었다

감독관의 지문

잘 자, 새벽마다 너는 내가 꾸는 꿈의 감독이었다
등장하진 않지만 전부 네 의도대로 흘러가는 물결들
나는 잔물결에 애도를 당하는 네 꿈의 주인공이었다

날개

오후에 일어나
오전에 잠 듭니다

오후에는 이래도 되나 싶은 머릿속이
오전부턴 아무렴 어떤가 싶어집니다

자고 일어나면 세상은 분주하거나
나태합니다 나는 머리맡에 뽑혀있는
날개깃을 주워 담아 버리고 있습니다
비상을 앞두고 나의 머리는 비상사태군요
나는 뼈대만 남아 구워 먹기 딱 좋은 날개를 가졌어요

오늘의 머릿속은 온통 하얀 기억들로 수놓아져 있네요
과거에 심어진 하얀 기억들은 늙어서 하얀 것이 아니라
하얗게 심어졌기 때문에 하얀 기억이에요
이건 단순 나의 착오일 수도 있겠지만요

행복한 기억은 밤의 까만색이에요
불운한 기억은 미치고 환장할 하얀색이에요

자고 일어나 주워 담는 나의 날개깃은 쓰디쓴 밤의 색이었지요
지나온, 불운해서 하얀 기억들은 좀 더 안쪽에
두루두루 남아 있는 것 같습니다

과연 유행가처럼, 영원한 건 없을까요?
이 또한 지나갈까요?
하지만 불운한 과거는 영원히 남잖아요?

당신과의 모든 것은
당신은
영원하다고 할 수 있잖아요?

요즘 부쩍 까만 날개깃이 빠져나가고 있어요
행복 탈모 증상으로 인해 머릿속은 하루 종일
19금 폭력성 영화가 재생되고 있어요
아 익숙한 저 장면에 내 모습은 가장 혐오스럽습니다
다음 장면은 그나마 행복이에요 그런데 처절합니다

까만 밤은 어디까지 있죠?

부족한 행복을 찾아 새벽까지 억지로 살아 있기로 합니다

그렇게 될 대로 되라 식의 오전을 돌려보내고 잠에서 깨면

다시 오후입니다 세상은 아직도 분주하거나 나태하네요

나는 뼈대만 남아 구워 먹기 딱 좋은 뇌리를 꺾고 싶어집니다

파란별

선생님, 아침 하늘에 별이 떠있었어요
사람들은 자꾸 별을 노랗게 그리지만
별은 노란색이 아니에요
파란색이에요 질식과도 같은 색
모두 분주한 아침 하늘에 파란별이 떠있었어요
그래서 나는 목 놓아 울 수밖에 없던 거예요
사람들은 파란하늘의 파란별에게는 애정이 없거든요

작은방

　모서리마다 내가 있고 판판한 곳에는 살인자가 누워있다
　저것은 눈을 감고도 나를 찾아 가리킨다
　밤이면 모서리는 더, 더 그윽하게 파인다

　높다란 책상이 메꾼 어느 모서리
　그곳에 나는 위태로운 천장까지 달아났기에
　살인자가 심심한 밤이면 바닥이 눈물로 흥건했다
　두려움의 눈물이겠다 그러나 저기 눈물 짓는 나는
　기다림의 눈물이랬다 문득 눈시울에 자장가가 떠오른다

　사방에 공포를 떠받는 내가 보이고
　공포에게 수많은 내가 비친다
　낙엽처럼 바스러진 거울처럼

　서쪽으로 기우는 나는 엄마를 닮았고
　아무렇게나 비틀대는 나는 아빠를 닮았으며
　동떨어진 나는 무참히 아름답기도 하였다

그리고 나는 혼란스럽다

그림자처럼 낮은 몸짓으로 방문을 걸어 잠그는 나는
밤마다 살려두어야 하는 이유를 묻고 있다

언어의 재구성

'무슨 생각해, 그놈의 자살 자살 지겨워 죽겠어
죽지도 못할 거면 그냥 살자 살자 제발 좀 그냥
그따위 한숨 그만할 수 없어? 질려 죽겠으니까
이러다가 내가 먼저 죽어버리면 어쩔래
불쌍한 놈, 시시한 놈, 애처롭기는
나는 너 죽을 때까지 악착같이 살 테다
너 같은 거 죽고 나면 다시는 태어나지 마라
다시는 다시는 귀찮은 몰락 따위 구경시키지 마라.'

"무슨 생각해, 나가서 좀 걸을까."

끄집어 부르기

아침이 온다, 엄마, 봄도 함께 오는 모양이야
떨어질 것이 화알짝 피어나, 나 서글픈 것 아니지만,
작년에 떨어졌던 그것들 모두 지금은 어디에 있을까?

회고록

나라는 곳은 죽음조차 꺼려하는 공허인가
새벽녘 동네를 빠져나가는 트럭 바퀴의 늙은 울림처럼
승객 없는 마을버스가 정차할 때의 노곤한 울림처럼
섬마을 밤바다의 가련한 뱃고동 울림처럼
이명 같은 울림이 자주 느껴졌다
근방에 내 이름을 쓴 죽음이 와 있다
삶이야말로 늙고 노곤하고 가련한 울음이다
오늘도 죽음은 나를 비껴간다
나는 살아남아서 기껏해야 밤까지 헤매는 것이 전부였다
나 대신 죽어간 불빛들을 만져보는 것이 전부였다

바닷바람의 형상

그러나 그대여
그대는 바다가 아니라
바다를 떠올리게 하는 사람이고
나는 강이 아니라
가만 당신에게 쓸려가는 사람입니다

언젠가 나를 떠안게 되시거든
그게 그리도 버거우시거든
한사코 거품이 되어 떠나는 시늉만 하겠습니다

괴괴한 축복

만약 뜻대로 황천에 다다랐을 때에
내게 죄를 묻는다면
비단 누군가는 존재하는 것만으로 죄가 되고
누군가는 부재함으로 죄인이 된다 이르리라

전자는 허락 없던 탄생이고
후자는 허락 없던 죽음이다

달빛을 부모 삼아 올어보네
나는 왜
불효밖에 구상할 수 없는가

바닷소리 들려오는 밤의 일지

나는 쓰기 위해 일어서네
바닷가로 뒤엉킨 이 밤에
나는 주저앉아 쓰네

파도는 밤에도 쉬지 않고
나만 열렬한 밤이 아니네

나의 일기장은 바닷가 모래
파도가 열렬히 지우고
나는 다시 주저앉아 쓰네

내가 살아 있어
억울함에 이유는 없다고

돌아오지 않을 2017년 1월 31일

백지만 보아도
울음이 선다

오래 기다렸다는 듯이
서서히 나보다도 높게 올라

극도의 순백은
암흑보다 섬뜩하다

작시를 좋아하는 너에게는
밤에도 없던 쓸쓸함이
잡아먹은 아침을 말하고 싶었다

아침이 왔다.

늘 어딘가에 머물다가
땅거미 진 방에 돌아와 보면
칠월이 되어서도 갈 곳 없는 솜이불이
가장 단단하고 뜨겁게 누워
손을 뻗는다
내 절단된 오른손을 아주 뺏기기 전에
나는 옷을 벗고 옷을 벗고…… 에라이
살가죽을 마저 벗고 이불 속으로 끌려간다
발톱부터 머리카락까지 삼켜지고서
여기가 어디지 늘 어딘가에 있긴 했지만
여긴 정말 어디지 목구멍을 넘어가는 걸까
이미 위장에 들어섰나 그것도 아님 자궁 속
여기가 어딘가요 어릴 때부터 숨을 쉬는 방법을
배울 수 없었어요 잘 못하는 게 많아요
잘못이 많아요 그러니까 여기가 어디쯤이죠
나는 어디에 있죠
외치고 나면
아침이 왔다

유서

모두가 하나씩 포기하며 걷는다
숙이는 자식 하나를
그의 남편은 조각난 폐부를
윤이 오빠는 가슴을 내리치던 새벽녘 전부를
윤이 언니는 발바닥으로 그려다가던 지도를
윤은 다 알고도
슬픔의 활자를 놓지 않는다
사랑하는, 이다지 원망하는 사람들에게서
발버둥 쳐댄 한줄기 바람들이
하나씩 모여 윤의 손목을 붙잡는다
자, 그럼 윤은 무엇을 포기하겠니?

어느 젊은 음울

이제는 도무지 할 말이 없네
시에는 살아 있고 죽어 있고
살아가고 죽어가는 여러 가지
말도 안 되는 말들이 적혀있고
그걸 한 번씩, 한 번씩 겪고 나면
구태여 말이란 것을 잃는 것이지
문맹이 되어버린 시인을 아는가?

보잘 것 없는 시 한편

무얼 했는지 알 수 없는 하루를 매듭 짓는 건
보잘 것 없는 시로 느린 안녕을 하였습니다

그래서인지 시에는 매일 같이 구름이건 달이건
지루한 하늘의 태동뿐이 비치지 않더군요

나는 구름이나 달을 사랑하지만
구름이나 달뿐이 사랑할 수 없는 삶을 살았습니다

위로의 폭언
ⓒ 나선미

| 발행일 | 2018년 4월 1일 | 초판 1쇄 |
| | 2024년 12월 2일 | 개정판 1쇄 |

지은이　나선미
편집　　민승원

발행인　민승원
발행처　연지출판사
출판등록 2015년 1월 2일 제 2016-000010호
이메일　younjibook@gmail.com
대표전화 070-8848-8004
팩스　　0303-3444-7982

ISBN　979-11-86755-48-8 (03810)

▷ 이 책 내용의 전부 또는 일부를 재사용하려면 반드시 저작권자와 연지출판사 양측의 동의를 받아야 합니다.
▷ 잘못된 책은 구입처에서 바꾸어 드립니다.
▷ 정가는 뒤표지에 표기되어 있습니다.